LES

ILES AÇORES

AU POINT DE VUE

DE

LA MARINE MARCHANDE

Avec le plan du Dock en construction à Saint-Michel

PAR

LE CAPITAINE E. MOREL

PRIX : UN FRANC

PARIS

GUSTAVE BOSSANGE ET Cᵉ, ÉDITEURS

25, QUAI VOLTAIRE

1865

LES ILES AÇORES

AU POINT DE VUE DE LA MARINE MARCHANDE

PREMIÈRE PARTIE

Année 1858

Au point de rencontre des routes habituellement suivies pour aller d'Europe au Brésil et dans l'Amérique du Nord, se trouve l'archipel des Açores, dont la possession a acquis récemment une importance considérable par suite du développement des services transatlantiques.

L'archipel des Açores se compose, ainsi que chacun le sait, de neuf îles réparties en trois groupes, dont le premier contient les îles de *Flores* et de *Corvo* ; le second, formant le groupe central, réunit les îles de *Fayal*, de *Pico*, *Saint-Georges*, *Graciosa*, *Terceira* ; enfin le dernier, les îles de *Saint-Michel* et de *Sainte-Marie*. Toutes ces îles, d'origine volcanique, ont une configuration a peu près identique : elles se composent d'un pic qui est le le point le plus élevé de l'île, et d'une série de cônes séparés entre eux par de profonds ravins et des pentes abruptes. L'agitation volcanique est loin d'y avoir cessé. De temps à autre des tremblements de terre, et plus fréquemment des mouvements de trépitation souterraine, viennent rappeler aux habitants la précarité de leur existence et le peu de solidité du sol sur lequel ils se sont fixés.

Malgré les dangers de cet état de choses et les difficultés d'exploitation d'une nature abrupte et tourmentée, l'extrême fertilité du sol a développé dans les Açores une agriculture aussi florissante que peut le permettre l'apathie naturelle de ses habitants. La culture de la canne à sucre, de la vigne, et surtout des orangers, forme, avec quelques produits secondaires, les principales ressources de 250,000 âmes qui habitent l'archipel. Ainsi, pendant l'année 1858, les Anglais ont exporté des Açores 160,000 caisses d'oranges, et 2,000 pipes de vins ; le Brésil, 6,500 pipes de vins ; Hambourg, environ 6,000 pipes et 100,000 caisses d'oranges ; les États-Unis, environ 4,000 pipes de vins. La culture est généralement peu avancée. Les terres y sont divisées en grands domaines et exploitées par des fermiers et des sous-traitants.

Le climat, quoique sain, est humide, et l'archipel est en général soumis à des coups de vent violents qui rendent ses ports d'un abord difficile et d'un séjour peu sûr.

ILE FAYAL

Le meilleur endroit de relâche est sans contredit l'île *Fayal*, dans le groupe du centre de l'archipel. Son accès facile permet d'y arriver de tout temps, et le mouillage au fond de la baie d'Horta, entre les pointes *Espalamaca* et la *Guia*, est généralement bon. Les tempêtes y sont rares au dire des habitants, et leur durée ne dépasse guère vingt-quatre heures. Malgré les vents de Sud-Est, qui chargent en côte, et les vents de Nord-Est, qui occasionnent une forte houle dans la baie, le mouillage devant la ville d'Horta est généralement sûr. Les vents du Nord au Sud, en passant par l'Ouest, viennent de terre et ne sont pas à craindre ; la proximité de l'île du Pic, en face de la ville d'Horta, empêche le mauvais effet des vents d'Est. Enfin le service du port a, pour plus de sécurité, obligé les marins à s'affourcher et à prendre une forte chaîne et une grosse ancre qu'on leur envoie de terre, et qu'on mouille vers le Sud-Est, c'est-à-dire du côté d'où soufflent les vents les plus violents.

Les communications entre la baie et la terre se font par une

petite jetée aboutissant au môle ; cette jetée n'est nullement abri-
tée, en sorte qu'il arrive souvent que les rapports sont inter-
rompus l'hiver durant des semaines.

Quoi qu'il en soit de ces inconvénients, l'île de Fayal serait
un point de relâche bien précieux au milieu de la région la plus
tourmentée de l'Océan, si l'on y avait fait les travaux nécessaires pour tirer parti des ressources que la nature y a accumu-
lées. Malheureusement le Gouvernement portugais, duquel dépendent les îles Açores, s'est montré à cet égard très-impré-
voyant. Malgré le nom pompeux qu'il donne à sa colonie (Iles
Adjacentes), c'est à peine s'il s'est préoccupé d'établir un service de communication entre Lisbonne et les Açores. La plupart du temps, le Gouvernement est obligé de s'en remettre au
hasard, c'est-à-dire d'attendre le départ d'un navire marchand
pour transporter en Portugal les dépêches qu'il a à y faire parvenir ; de sorte que, pendant des mois entiers, les habitants des
Açores se trouvent isolés au milieu de l'Océan.

Plus préoccupé de recueillir les impôts et autres revenus de
l'île que de développer ses ressources ou de diminuer les dangers qu'elle présente, le gouverneur ne quitte guère sa rési-
dence d'Angra et ne songe nullement aux améliorations que
depuis si longtemps les habitants réclament avec instance.

Dans cet état d'abandon complet où le Gouvernement laisse
la baie de Fayal, l'industrie privée s'est occupée de pourvoir aux
premiers besoins des navires qui y viennent en relâche. Car,
en cas d'avaries graves, les navires n'ont d'autres ressources
que de se diriger vers Fayal. Les îles Tercère, Saint-Michel,
quoique plus étendues, n'offrent aucun abri. Au contraire, en
naviguant, vers Fayal, les navires trouvent deux ou trois mouillages avantageux : tels sont l'anse de Praya, le mouillage devant la ville dans l'Est, etc.

Un particulier qui exerce à Horta les fonctions de consul américain, M. Dabney, est parvenu à y créer un véritable arsenal
maritime, capable de pourvoir aux principales réparations. On
trouve dans ses magasins, des bois de construction, des mâts,

voiles, cordages, ancres, chaînes, et les appareils nécessaires pour l'abatage en carène. Il fournit des chaloupes, en un mot tout ce qui peut être utile aux navires. Les prix de ces objets sont naturellement élevés, d'abord parce qu'il faut les importer à grands frais, ces objets venant généralement d'Amérique, ensuite parce que ces matériaux, les grandes pièces surtout, peuvent rester plusieurs années sans emploi. Le plus grand nombre des navires n'a guère en effet que des réparations d'une importance secondaire, telles que le calfatage dans les hauts, le remplacement des mâts brisés par des espars, l'acquisition de voiles nouvelles, etc. Un très-petit nombre sont obligés de se faire caréner, et dans ce cas, comme ces navires effectuent presque toujours leur retour en Europe, ils évitent de remplacer leur vieux cuivre et préfèrent naviger sur franc-bord, jusqu'à leur port d'armement, ce qui fait qu'il n'existe pas à Fayal d'approvisionnement de cuivre.

Mais l'élévation de prix des matériaux fournis par les magasins de M. Dabney, élévation de prix qui se conçoit d'ailleurs très-bien, n'est que la moindre partie des frais auxquels sont exposés les navires qui viennent se réparer à Fayal. M. Dabney, en effet, ne se charge pas de la main-d'œuvre, et les capitaines ont à se pourvoir eux-mêmes d'ouvriers de toute nature, que du reste les maîtres charpentiers, voiliers, etc., ont presque toujours à leur disposition.

C'est là la seule industrie du plus grand nombre des habitants de la ville d'*Horta*, industrie bien irrègulièrement utilisée puisqu'elle dépend des accidents de mer, et dont, par suite, ils cherchent à tirer le meilleur parti possible. Il faut ajouter, il est vrai, que le temps, à cet égard, se montre bien souvent leur complice, et leur permet d'élever leurs exigences jusqu'aux plus extrêmes limites. On a vu quelquefois demander cinq et même six cents francs de salaire pour porter une ancre à un navire mouillé dans la baie, avec grosse mer et mauvais temps.

L'absence de docks et de bassins oblige à faire en rade les abatages en carène. Cette opération a lieu sur de grandes chaloupes préparées à cet effet. Mais la variabilité du temps, dans ces parages, oblige à relever le soir le bâtiment pour le rabattre le lendemain, si le temps le permet ; et il arrive, dans la mauvaise saison, qu'il faille interrompre pendant quinze jours, et même un mois, le carénage d'un navire. On conçoit aisément les frais immenses qu'entraînent de pareils retards. Ajoutez à cela qu'il n'y a à Fayal d'appareils servant à l'abatage en carène que pour un seul navire, de sorte que, s'il s'en présente plusieurs, chacun est obligé d'attendre son rang, de payer et d'entretenir l'équipage pendant cette relâche, sans compter les accidents qui peuvent survenir dans la baie (1).

Tel est l'état dans lequel se trouve le principal point de relâche pour les navires allant ou revenant d'Europe en Amérique, au milieu d'une mer incessamment tourmentée, dans la zône des vents variables, et comme placé là par la Providence pour recevoir et abriter les navires en détresse !

Il est évident qu'en présence du développement général de la marine marchande, tout le monde est intéressé à faire cesser une situation aussi préjudiciable.

Depuis longtemps les habitants d'Horta réclament la construction d'un dock, qui, facilitant les abatages en carène et les répa-

(1) Un navire français en a fourni l'exemple récemment. La *Laure* de Bordeaux, partie le 25 novembre 1857 pour Vera-Cruz, éprouva des vents contraires dans le golfe de Gascogne, et, après avoir lutté pendant trente jours contre le mauvais temps, elle se trouva forcée, par suite d'une voie d'eau considérable, de venir relâcher à Fayal, où elle arriva le 29 décembre. Des experts sont nommés, les avaries sont jugées réparables, la cargaison est déchargée, et la *Laure* attendait son tour pour entrer en réparations, lorsque, le 17 janvier, éclate une tempête furieuse qui oblige le capitaine a couper ses bas mâts pour sauver le navire. Une nouvelle expertise est jugée nécessaire, et l'abatage en carène ordonné pour visiter les fonds du navire. Par malheur, comme nous l'avons dit, un autre navire, un trois mâts américain, avait précédé la *Laure* dans cette opération ; il lui fallut attendre jusqu'au 8 mars pour prendre sa place. Dans un port ordinaire pourvu de docks et de bassins, cette opération n'aurait demandé que très-peu d'heures ; mais à Fayal la succession des mauvais temps fut telle qu'on y consacra plus d'un mois, de sorte que la voie d'eau faite à la fin de novembre ne fut réparée qu'à la fin d'avril, après un délai de six mois !

rations, doublerait l'importance de leur ile. La nature semble avoir préparé d'avance l'emplacement de ce grand travail. Il existe en effet au fond de la baie une ligne de rochers à fleur d'eau qui s'avance vers l'E.-N.-E., près du mont *Queimada*, et qui protège cette partie contre la mer du S.-E. C'est là que, dès la première vue, on comprend que le dock soit construit. Des études nombreuses ont été faites, des plans dressés avec le plus grand soin ; ce même M. Dabney, consul des Etats-Unis, s'est mis en correspondance avec le Lloyd, avec les principaux armateurs, avec les compagnies d'assurances des Etats-Unis, etc. Partout, le projet a reçu le meilleur accueil ; mais le torrent des affaires, d'autres intérêts plus pressants ou plus voisins, ont, à plusieurs reprises, fait perdre de vue ce projet.

Il est temps cependant de s'en occuper. Dans un avenir plus ou moins rapproché, le percement des isthmes, en doublant le mouvement commercial du monde, donnera à la navigation marchande une importance beaucoup plus considérable, et, par suite, augmentera l'utilité de la station des Açores.

Le Gouvernement portugais, impuissant à faire par lui-même ce grand travail, ne mettrait aucun obstacle, nous en avons la certitude, à son exécution par l'industrie privée, et n'hésiterait pas à concéder aux entrepreneurs du dock tous les priviléges nécessaires à la prospérité de l'entreprise. D'après les études et les devis des ingénieurs, la construction de ce grand ouvrage ne s'élèverait pas au-dessus de dix-huit cent mille francs, en tenant un large compte du prix excessif de la main-d'œuvre et des matériaux, et en grossissant la somme à valoir bien au-delà des proportions ordinaires.

Quelque élevée que puisse paraître cette somme de dix-huit cent mille francs, elle est minime en comparaison des pertes que la moindre tempête occasionne à la marine dans ces parages. Pour en juger, il nous suffira de dire que la moyenne des sommes dépensées pour réparations d'avaries dépasse deux cent mille francs, et qu'un seul coup de vent à Fayal, celui du 17 janvier

1858, a coûté aux assureurs maritimes près de sept cent mille francs (1).)

Déjà, à plusieurs reprises, **M.** Dabney a entrepris des négociations avec l'Angleterre et les Etats-Unis pour trouver dans ces deux pays la somme nécessaire à ce grand et utile travail ; mais des difficultés de forme ont empêché jusqu'à présent le succès de l'entreprise.

Ce n'est pas cependant que la presse locale cesse d'élever la voix et de réclamer au nom de l'humanité l'exécution d'une œuvre qui éviterait tant de sinistres.

Le *Fayaleux*, qui se publie à Horta, rappelle fréquemment les désastres de la tempête des 17 et 18 janvier 1858, pour conjurer le Gouvernement de porter un remède à toutes les catastrophes qui se produisent dans les parages des Açores, et, en permettant aux intérêts maritimes étrangers de construire un

---

(1) Voici le tableau des navires jetés à la côte et brisés pendant le coup de vent du 17 janvier 1858 :

North-Sea, trois-mâts américain.	180,000
Pathfinder, lougre américain.	120,000
Jupiter, goëlette portugaise.	50,000
Marguarita Leonor, briggoëlette portugaise.	43,750
William-Morgan-Davis, goëlette anglaise	39,200
Nereïda, goëlette portugaise	35,000
King-Alfred, goëlette anglaise	19,600
Allah-Kérim, brick français	16,000
Lady-Anne, goëlette anglaise	14,000
Valeur approximative des cargaisons perdues	123,450
Avaries aux bâtiments qui n'ont pas été jetés à la côte	28,044
	669,044

Tableau des dépenses annuelles pour réparations d'avaries.

Américains	131,360
Anglais	43,094
Français	40,980
	215,434

Le total des prêts à la grosse faits sur navires français depuis l'année 1852 jusqu'en 1858 s'est élevé à 121,209 à la prime moyenne de 18 0/0 pour retour en France.

dòck et l'arsenal maritime nécessaires aux réparations des navires, d'augmenter indéfiniment la prospérité de l'île.

Espérons que les développements incessants que prend la navigation transatlantique, et surtout la création des lignes françaises du Brésil et des Antilles, faciliteront la réussite des nouvelles négociations entreprises pour mener à fin un travail que,
dans l'intérêt de la navigation maritime, nous appelons de tous
nos vœux.

DEUXIÈME PARTIE

Année 1863

Il y a cinq ans que nous écrivions ce qui précède.

Depuis l'année 1858, la situation des Açores s'est beaucoup modifiée et surtout à un point de vue qui doit influer très-heureusement sur ses destinées futures.

Il faut compter, en première ligne l'établissement de communications régulières entre Lisbonne et les Iles, service établi déjà depuis plusieurs années.

Chaque mois un vapeur part de la Métropole pour se rendre à Fayal et touche aux points suivants : St-Michel, Tercère, Graciosa et St-Georges.

Ce paquebot, d'une si grande importance pour les Açoriens, appartient à la Compagnie portugaise de l'Union mercantile qui possède en outre plusieurs autres steamers dont un pour les Algarves et cinq pour Madère et la côte d'Afrique.

Pour bien apprécier ce progrès, il suffit de se souvenir qu'il y a quelques années à peine un voyage aux Açores était une entreprise difficile, fort pénible, exigeant quelquefois plus de temps qu'une expédition aux Indes occidentales.

A cette époque, les bâtiments à voiles portugais partant de Lisbonne pour les Iles, n'ayant pas de concurrence, se pressaient peu et en prenaient à leur aise.

A la moindre menace de temps contraire, on rentrait au port ou on cherchait un point de refuge si on était près des côtes ; au large, on se laissait balloter par la mer ; il y avait dans les deux cas une perte de temps déplorable qui rendait impossible tout développement commercial.

Il n'en est plus ainsi, grâce à Dieu ! une fois par mois un vapeur à hélice traverse l'Océan, parcourt les Iles et va se montrer aux yeux émerveillés des habitants qui s'empressent d'accourir sur la plage afin d'admirer de plus près le bienheureux navire qui les a sauvés de leur isolement passé et auquel ils doivent une transformation si complète dans toutes les conditions de leur existence.

Il en est résulté ce qui arrive toujours en pareil cas, c'est que du moment où les Açoriens ont entrevu la possibilité de venir en Europe sans être obligés de pourrir à la mer (comme disent les marins) et avec la chance d'un retour facile chez eux, ils ont profité de l'occasion et se sont mis à voyager comme voyagent les autres peuples. Les communications devenant plus faciles, les affaires se sont développées, un nouvel horizon s'est ouvert aux yeux de ces insulaires, leur ambition a augmenté et aujourd'hui il arrive que St-Michel, qui est la reine et la plus riche de toutes les îles, s'est mise sérieusement à secouer son apathie séculaire ; elle ne rêve plus qu'embellissements, agrandissements. Un dock vient d'être commencé, un théâtre est en voie de construction, et à la fin de cette année la ville doit être éclairée au gaz !

Voici donc encore un pays qui devra à la vapeur de participer à la vie moderne, de marcher de pair avec les autres nations dans la voie du progrès et d'utiliser les richesses de son sol, les ressources de son industrie.

Mais avant de parler de St-Michel et de son avenir, complétons ce que nous avons déjà dit de Fayal par une rapide exposition des changements qui se sont opérés pendant les cinq dernières années.

L'inventaire commercial est facile. Les exportations de Fayal sont presques nulles. Les produits de l'île suffisent à peine à sa consommation ; elle est assez souvent obligée de recourir à l'Amérique pour subvenir à l'alimentation de ses habitants : quant au vin, dont on exportait encore une certaine quantité de pipes il y a quelques années, il n'en est plus question, par suite de la maladie qui a étendu ses ravages sur toutes les vignes dans ces parages.

La principale, la seule ressource du pays, maintenant plus encore que par le passé, c'est la réparation des navires qui, par suite de voies d'eau, viennent relâcher dans la baie d'Horta ; comme nous l'avons dit, cette baie, quoique la meilleure de celles qu'on trouve dans les autres îles, ne présente pourtant pas un mouillage sûr, aussi, les habitants de Fayal parlent-ils toujours de faire un dock; il y a bien longtemps déjà que ce projet est sur le tapis, mais il est probable qu'il ne sera jamais mis à exécution et cela pour plusieurs raisons ; d'abord, parce qu'il n'y a pas d'argent dans le pays, et ensuite parce que St-Michel, qui est la seule île riche des Açores, s'est décidée à prendre l'initiative de cette importante mesure.

En attendant, Fayal continue à exploiter son unique industrie et à offrir aux navires désemparés qui se trouvent dans son voisinage, des ressources, bien incomplètes, sans doute, mais qui, pourtant, ne sont pas à dédaigner.

L'abatage en carène dans la baie est aussi difficile que par le passé et offre toujours les mêmes inconvénients ; la rade n'est pas plus sûre ; aussi, afin d'éviter un séjour trop prolongé, ce qui pourrait mettre les navires en péril, surtout dans la mauvaise saison, les experts ont-ils pour habitude de n'ordonner les carènes complètes qu'à la dernière extrémité ; dans la plupart des cas, ils se bornent à prescrire les réparations qui sont jugées indispensables pour que le navire puisse atteindre son port de destination sans danger.

Quoiqu'il en soit, les travaux que l'on peut faire à Horta sont quelquefois considérables ; ainsi, dernièrement, il a été confectionné, par les soins de M. Dabney, consul américain, dont nous avons déjà parlé, un gouvernail pour le *Dreadnought*, navire américain de 1,400 tonneaux, venant de Liverpool et se rendant à Boston; ce navire, après une série de grands mauvais temps, avait perdu son gouvernail dans les parages des Açores et se trouvait dans une situation très-dangereuse.

Il n'est pas hors de propos de dire que les condamnations de navires sont assez rares maintenant à Fayal ; d'abord, parce que les emprunts à la grosse se font facilement et à des taux modérés, de 15 à 18 0$\mid$0 de prime, surtout pour retour en France, et ensuite parce qu'il est de l'intérêt des habitants de réparer les navires, ce qui, pour la plupart d'entre eux, est l'unique moyen de gagner leur vie.

Nous allons donner maintenant le mouvement des navires français aux Açores pendant les cinq dernières années.

TABLEAU

INDIQUANT

LES NAVIRES FRANÇAIS VENUS A FAYAL

Soit pour se réparer, soit pour prendre des provisions ou du charbon

De 1858 à 1863

NOMS DES NAVIRES	VENANT DE	ALLANT A	CARGAISON	REMARQUES
Brig *D'Assas*	Mexique	Havre	Bois	Avaries.
Trois-mâts *Providence*	Carmen	Havre	Cuirs, bois	
Vapeur de guerre *Flambeau*	Martinique	Brest		Charbon.
Vapeur *Alma*	Havane	Cadix	Sucre	
Trois-mâts *Ernestine*	Buenos-Ayres	Marseille	Cuirs, laine	
— *Nouveau-Cantabre*	Buenos-Ayres	Marseille	Cuirs, suifs	
— *Maurice*	Terre-Neuve	Maurice	Morue	
Brig *Alfred*	Mexique	Havre	Bois	Avaries.
Trois-mâts *Mayotte*	Maurice	Marseille	Sésame	
— *Etoile-du-Nord*	Bahia	Havre	Sucre, café	
Vapeur de guerre *Yonne*	Gorée	Brest		
Trois-mâts *Racine*	Buenos-Ayres	Havre	Cuirs	
— *France-et-Chili*	Rio-Janeiro	Havre	Café	
Brig *Léopard*	Havre	Pêche-Baleine		
Trois-mâts *Marie-Amélie*	Bahia	Nantes	Sucre	
— *Albert*	Montevideo	Havre	Cuirs	
Vapeur de guerre *Rapide*	Martinique	Lorient		Charbon.
— *Daim*	Cayenne	Toulon		Charbon.
Brig *Louise*	Sénégal	Bordeaux		
Trois-mâts *Amazis*	Côte d'Afrique		Huile de palme	Condamné.
— *Havanais*	Saint-Domingue		Bois	Condamné.
— *Laplace*	Havre	Havre		Pris cargaison *Amazis*.
— *Mogador*	Blyth	Guadeloupe	Charbon	Condamné.
— *Moshch*	Bombay	Marseille	Sésame	
Brig *Louisa*	Gorée	Marseille	Arachides	
— *Marguerite*	Nouvelle-Grenade	Bordeaux	Bois, indigo	
— *Thémistocle*	Guadeloupe	Havre	Sucre	Condamné.
— *Etoile-de-la-mer*	Martinique	Havre	Sucre	
Vapeur *Tage*	Montevideo	Havre	Sur lest	
Brig *Mathieu*	Côte d'Afrique	Londres	Huile de palme	
Trois-mâts *Chuquisaca*	Havre	Havre	Bois	Pris cargaison *Havanais*.
Vapeur de guerre *Pomone*	Cadix	Terre-Neuve		
Trois-mâts *Sarcelle*	Gorée	Marseille	Arachides	
— *Gertrude*	Sincapour	Marseille	Diverses	
— *Marie-Amélie*	Sierra-Leone	Nantes	Arachides	
— *Novateur*	Bombay	Marseille	Café	
— *Richelieu*	Mexique	Marseille	Bois de teinture	
Brig *Charles-et-Berthe*	Carmen	Marseille	Bois de campêche	Condamné.
— *Ville-de-Blaye*	Congo	Bordeaux	Arachides	Avaries.
— *Wladimir*	Sierra-Leone		Huile de palme	Condamné.
Trois-mâts *Olivier*	Saint-Domingue	Liverpool	Bois, coton	
Brig *Podensac*	Bordeaux	Marseille	Sur lest	
— *Nina-et-Marie*	Sierra-Leone	Marseille	Arachides	Avaries.
Trois-mâts *Arthur-et-Mathilde*	Madras	Bordeaux	Diverses	
— *Marie-Amélie*	Saint-Domingue	Havre	Bois	
Vapeur de guerre *Mégère*	Pernambuco	Rochefort		Charbon.
Trois-mâts *Les Parques*	Côte-d'Afrique	Londres	Huile de palme	
Vapeur de guerre *Jérôme-Napoléon*	Lisbonne	Halifax		Charbon.
Trois-mâts *Vandyck*	Rio-Janeiro	Havre	Café	
— *Virginie*	Martinique	Bordeaux	Sucre	Avaries.
Brig *Tocopa*	Guadeloupe	Nantes	Sucre	
— *Phénix*	Rio-Grande	Falmouth	Cuirs	
Vapeur de guerre *Chaptal*	Havane	Toulon		Charbon.
— *Canada*	New-York	Toulon		Charbon.
Brig *Auguste*	Pernambuco	Marseille	Sucre	
Trois-mâts *Union*	Cayenne	Bordeaux	Bois	
Vapeur de guerre *Labrador*	New-York	Toulon		Charbon
— *Montezuma*	New-York	Toulon		Charbon.
— *Cacique*	Vera-Cruz	Toulon		Charbon.
— *Dryade*	Chine	Cherbourg		Charbon.
Brig *Saint-Pierre*	Gorée	Marseille	Arachides	
Vapeur de guerre *Tanger*	Vera-Cruz	Toulon		Charbon.
— *Prégent*	Chine	Rochefort		Charbon.
Trois-mâts *Céphise*	Carmen	Marseille	Bois	Charbon.
Vapeur de guerre *Eylau*	Vera-Cruz	Toulon		Avaries.
Trois-mâts *Deux-Edouard*	New-York	Bordeaux	Diverses	Avaries.
— *Gironde*	Costa-Rica	Bordeaux	Café	Avaries.
Brig *Félix*	Saint-Domingue	Havre	Café	Avaries.

Le tableau ci-contre montre que, pendant ce laps de temps, 6 navires ont été condamnés, 8 sont venus en avaries, 14 pour compléter leur charbon et 40 pour faire des provisions ou prendre la cargaison des navires condamnés à Fayal.

Depuis le 8 octobre 1862, le gouvernement français, par suite des exigences de la guerre du Mexique, a passé avec M. Dabney un contrat pour fournir du charbon à nos vapeurs de guerre, ce contrat doit durer cinq ans et le prix du charbon a été fixé à 55 francs du tonneau.

Comme il peut être intéressant pour notre commerce maritime de connaître les usages de la place dans le pays, nous dirons que les commissions à Fayal, quoique assez élastiques parfois, peuvent être considérées comme réparties de la manière suivante :

	France.	Angleterre et Amérique.
Frais de débarquement et d'embarquement de la cargaison. . . .	4 0/0	2 1/2 0/0
Vente des marchandises.	4 0/0	5 0/0
Commission pour le navire. . . .	4 0/0	5 0/0

Pour terminer enfin nos observations sur Fayal, nous ajouterons que, dans l'intérêt de toutes les nations maritimes, il serait à désirer que les droits d'exportation sur marchandises provenant de navires condamnés ou en avaries soient supp imés, il en résulterait que leur vente se ferait avec plus de facilité sur place et atteindrait un prix plus élevé, puisqu'elles pourraient être envoyées au dehors, et ainsi tout le monde y gagnerait : nous avons le ferme espoir que le gouvernement portugais qui, depuis quelques années, marche si résolûment dans la voie du progrès, comprendra qu'il est de son véritable intérêt de faire cesser cet état de choses, qui lui est peu profitable et qui est très-préjudiciable aux malheureux navires venant en détresse dans ces îles.

ILE SAINT-MICHEL (1).

Saint-Michel forme, avec l'île située plus au Sud, celle de Santa-Maria, le groupe S.-E. de l'archipel des Açores. Tout le sol de cette île, la plus grande de l'archipel a été bouleversé par des tremblements de terre et par des éruptions volcaniques considérables. Elle est fort élevée surtout dans sa partie de l'est, et traversée dans toute sa longueur de l'est à l'ouest par plusieurs chaînes dont les versants sont rapides, surtout du côté du Sud. Sa forme est celle d'un croissant à extrémités arrondies et dont la cavité regarde le nord. De la pointe Marqueza à la pointe Ferraria on compte 35 milles. De la pointe Morro-Grande à la pointe Galera on trouve 9 milles pour sa plus grande largeur. Elle a 4 milles pour sa plus petite étendue du nord au sud.

D'après les récits des premiers voyageurs, l'île Saint-Michel eût été originairement une plaine couverte de beaux arbres et d'une riche verdure. Aujourd'hui c'est une terre bouleversée par les soulèvements et dont aucune montagne n'est primitive, mais bien évidemment le résultat d'un travail souterrain. Toutes les hauteurs de l'île ont ce caractère bien tranché, en raison de leur forme cônique, des cavités qui existent à leurs sommets comme aussi par les accumulations de laves, de scories et de sables volcaniques qu'on y rencontre. Ce qui porte encore à le croire ce sont les sources d'eau bouillante qui existent principalement dans la vallée de Furnas. On peut penser également que les lacs de Furnas, de Fogo et de la Caldeira des Sete-Cidades, situés aux sommets de l'île, dans sa partie du sud, du centre et de l'ouest, sont d'anciens cratères de volcans éteints, dont les eaux ont envahi le fond. Il paraît, enfin, que la struc-

(1) Nous emprunterons sa description géographique à un travail très-remarquable, dont nous avons pu apprécier nous-même l'exactitude. — *Descripton nautique des Açores*, par M. Charles-Philippe de Kerhallet, capitaine de vaisseau. Paris, 1858, imprimerie administrative de Paul Dupont.

ture et la conformation de l'île permettent aux eaux de passer dans des cavernes volcaniques, d'où elles sont lancées au dehors lors des tremblements de terre ou des éruptions. Plusieurs faits de ce genre sont signalés dans l'histoire géologique de cette île et ont causé beaucoup de ravages.

Les hautes montagnes qni occupent le centre de Saint-Michel peuvent se diviser en cinq groupes principaux :

Le premier se compose de la chaîne située à l'est de l'île, dont le pic de Varra (1,089 mètres) est la montagne la plus élevée. De ce pic, deux branches descendent vers le sud de l'île et se séparent au pic de Passo (927 métres). La branche de l'est contient le pic de Bartholomeo (892 mètres) et le pic de Nunez qui est près du rivage (677 mètres).

Ce premier groupe de montagnes est séparé de celui de Furnas, situé à l'ouest, par la vallée de Provocao et par un plateau élevé dont le pic de Monteïro et le pic de Sargulho (509 mètres) sur la côte sud de l'île, dominent l'étroite surface. La chaîne de Furnas, dont le pic le plus élevé est dans sa partie du nord et se nomme Coffanhote (715 mètres), présente, du côté du sud, un versant très-rapide qui domine la vallée de Furnas, au fond de laquelle est le village de ce nom, à sa partie du sud paraît le pic de Gaspar, dont le sommet a été détruit par une éruption volcanique. A l'est de ce mont et au sud du pic Ferro, sur le côté occidental de la vallée, on voit le lac de Furnas, dans lequel la profondeur varie de 15 à 180 mètres.

Les versants de ces deux premières chaines descendent à la mer, du côté du nord par une pente assez régulière, beaucoup moins abrupte que du côté du sud.

Un plateau assez considérable, où sont répandus un grand nombre de mamelons côniques dont le principal est le pic de Cedros (683 mètres) et dans la partie ouest duquel se trouve le lac de Congro, sépare la chaîne de Furnas de la chaîne centrale de l'île nommée Serra d'Agoa-do-Pâo, qui est dans l'ouest de la précédente. Le sommet du groupe présente un enfoncement où l'on voit le lac de Fogo, dont la profondeur moyenne est de 27 mètres.

Les plus hautes montagnes de ce groupe atteignent 936 mètres ; son versant nord descend en pente douce jusqu'à la ville de Ribeyra-Grande, bâtie près du rivage de Saint-Michel, du côté du nord et en pentes abruptes vers Villa-Franca et la ville d'Agoa-do-Pâo, bâties sur la côte méridionale de l'île.

La partie la moins élevée de l'île Saint-Michel est formée par le quatrième groupe dont la montagne Gorda (479 mètres) est la plus élevée. Dans ce groupe, on remarque au centre le pic de Pedra (381 mètres) et le pic de Fogo (312 mètres).

Il contient un très-grand nombre de pitons et présente des traces nombreuses d'éruptions volcaniques.

Le cinquième groupe est celui de l'ouest nommé la Caldeira des Sete-Cidades : c'est un cratère au sommet uni, comprenant un espace circulaire de 1 mille 1/3 de rayon à sa partie supérieure, et de 1 mille de rayon à sa partie inférieure. Le pic le plus élevé situé au sud-est de cette enceinte, est le pic de Cruz (847 mètres) près duquel se présente une large brèche dans le contour du cratère.

Le fond de la Caldeira des Sete-Cidades est une plaine où l'on rencontre plusieurs cratères éteints. Quatre lacs dont deux fort grands, et un petit village en occupent le fond élevé de 264, mètres au-dessus du niveau de la mer. Plusieurs autres lacs existent au sommet du plateau qui s'étend de la Caldeira dans le sud-est jusqu'au pic Carvao (803 mètres).

L'île de Saint-Michel est la plus considérable des Açores par sa population, son étendue et ses productions.

La population est répartie dans quatre villes, celles de Ponta-Delgada, capitale de l'île, d'Agoa-do-Pâo, de Villa-Franca au sud et de Ribeyra-Grande au nord ; puis dans un grand nombre de villages (vingt-deux à peu près).

Le sol est extrêmement fertile ; il produit des oranges, du blé, du maïs, des fèves, des haricots et des patates douces, des fruits

et deslégumes en grande quantité. On y voit des troupeaux de
bœufs, de moutons et de porcs, des volailles, etc.

On n'y récolte du vin que pour la consommation de ses habitants. On y recueille beaucoup de lin qu'on travaille dans l'île,
ce qui forme une branche considérable de commerce. On y trouve
des manufactures de linge et d'étoffes de laine communes. L'eau
et le bois y sont abondants. La ville de Ponta-Delgada est celle
qui offre le plus de ressources.

Le climat est tempéré à Saint-Michel comme dans presque
toutes les îles de l'archipel. Les variations de température de
l'été à l'hiver sont même peu considérables et assez peu mar-
quées pour ne pas interrompre totalement les travaux de l'agriculture.

La ville de Ponta-Delgada contient 20,000 habitants, en y
comprenant la population des villages qui en dépendent. Elle
est bâtie au bord de la mer sur une plage basse, garnie partout
de rochers laissant dans leurs intervalles quelques petites anses,
dont l'une, à la partie centrale de la ville et en face de la
douane forme un petit port. A l'ouest, sur la pointe Delgada, on
distingue l'église de Santa-Clara ; à l'est de la ville, une vieille
tour. Dans cette même partie et dans l'intérieur de la ville, sur
un petit monticule, on aperçoit le couvent de Santa-Madre.
Elle renferme encore un grand nombre de couvents, d'églises
et un collége. Elle est protégée par des batteries et des
fortifications sur toute la face qui regarde la mer. Elle est bien
bâtie et occupe une petite plaine d'où les tertres s'élèvent en
pente douce en la cernant de toute part.

La citadelle ou forteresse de San-Braz; est sa principale dé-
fense ; elle s'élève au bord même de la mer, dans l'ouest de la
ville.

Il n'y a aucune difficulté pour venir prendre le mouillage de
Ponta-Delgada. Le meilleur parce qu'on y est en appareillage
avec tous les vents, condition essentielle sur cette rade ouverte,
est à un mille environ de la ville, par 77 mètres, fond de
sable, en relevant : la pointe Delgada au N. 66°O ; la citadelle

au N. 46° O. ; la vieille tour de l'O. au N. 5° E. Cependant on peut mouiller plus près de la ville par 30, 25 et 22 mètres, fond de sable, sur le méridien de la pointe San-Pedro, à la distance de 1/2, 1/3 et 1/4 de mille de cette pointe. Il ne faut prendre ces derniers mouillages que dans la belle saison.

Dans le cas où des vents de S. forceraient à quitter la rade, il est convenable d'arrondir la partie ouest de l'île pour attendre au large une brise de N.-O. Celle-ci succède d'ordinaire aux coups de vents de S.-O. et ramènera au mouillage sans peine, tandis que si l'on prenait la bordée du S.-E. en quittant la rade, on pourrait mettre beaucoup de temps à la gagner de nouveau,

On rencontre souvent les courants portant au S.-E. qui contribueraient encore à retarder le retour auquel des bâtiments ont employé plus de dix jours.

Les signaux suivants sont faits au mât de pavillon du quai de la douane.

1° Pavillon rouge. Les navires à la mer doivent appareiller immédiatement à cause du temps.

2° Pavillon blanc. Les navires en vue peuvent sans crainte faire route pour le mouillage.

3° Pavillon rouge à bordure blanche. Les navires ne doivent pas envoyer leur embarcation à terre, parce que le débarquement offre du danger.

On vient d'établir sur la rade de Ponta-Delgada cinq bouées de corps morts qui diminueront considérablement les risques des navires forcés souvent d'abandonner leurs ancres et leurs chaines en quittant cette rade.

Le commerce d'importation se fait par l'Angleterre et l'Amérique qui envoyent leurs navires à Ponta-Delgada.

On peut dire que Saint-Michel est la seule île commerçante des Açores, rien que pour les oranges, il vient à peu près 200 navires par an à Ponta-Delgada, ce sont des navires de 100 à 150 tonneaux et tous d'une marche supérieure ; par malheur, il n'y a aucun abri sur cette côte, aussi les bâtiments doivent-ils toujours rester en appareillage.

La saison des oranges dure depuis novembre jusqu'en avril, c'est-à-dire pendant la plus mauvaise époque de l'année, aussi la navigation est-elle extrêmement difficile.

Frappés des dangers que courent les bâtiments qui viennent charger dans leur île, les habitants de Saint-Michel se sont enfin décidés à faire construire un dock à leurs frais, pensant avec juste raison qu'un sacrifice momentané de leur part serait largement compensé dans quelques années par une augmentation dans leur commerce maritime, en attirant non-seulement chez eux les navires anglais qui y viennent d'ordinaire, mais aussi les navires des autres nations qui ont des produits à leur vendre, mais qui jusqu'à présent se sont abstenus faute de trouver un port où les navires pussent se trouver à l'abri.

Le gouvernement portugais, qui est animé des meilleurs intentions à l'égard de ses îles adjacentes, est venu en aide aux habitants de Saint-Michel, autant que cela lui a été possible, afin de leur faciliter l'exécution de ce travail important.

Depuis un an déjà les travaux entrepris par une compagnie anglaise sont commencés et l'on pense que dans trois années le dock sera complétement terminé : du reste, tout fait espérer qu'en 1864 il sera déjà possible d'abriter quelques navires prenant charge, ou tout au moins ceux qui se trouveraient en avaries et auraient besoin de réparations.

Nous donnons à la fin de cette notice le plan du dock, on verra qu'il doit avoir une profondeur de 20 à 25 pieds et qu'il pourra contenir au moins 60 navires.

Il ne faudrait pas croire que le commerce des oranges entre les Açores et l'Angleterre soit insignifiant, l'exportation pour St-Michel seulement, en 1861 et 1862, a été de 198,400 caisses (le tonneau étant de 20 caisses), soit près de 10,000 tonneaux ; pourquoi donc laisserions-nous les Anglais seuls, les maîtres sur ce marché ? Il nous semble que nos armateurs pourraient fort utilement employer quelques-uns de leurs navires au transport de cette marchandise qui, en France, est aussi bien goûtée qu'en Angleterre, et cela aurait aussi pour eux cet autre avantage, plus important encore, de leur permettre d'envoyer directement par leurs navires nos produits qui sont demandés et très-estimés des Açoriens, mais qui ne leur parviennent maintenant que par l'intermédiaire des Anglais ou par la voie de Lisbonne, ce qui, naturellement, en augmente beaucoup le prix.

Toutefois, pour avoir un débouché qui nous soit profitable, il faut de toute nécessité que le gouvernement français, qui a tant à cœur l'intérêt de notre commerce, de notre marine, de tout ce qui augmente la richesse du pays, diminue les droits d'entrée en France sur les oranges ; de cette manière, et alors seulement, nous pourrons nous présenter sans désavantage sur ce marché qui, jusqu'à présent, est resté entre les mains de nos rivaux d'outre-Manche.

Il est vrai de dire que déjà le gouvernement paraît disposé à entrer dans cette voie, aussi a-t-il donné des ordres à ses agents à l'étranger pour qu'on lui fasse parvenir les documents nécessaires à l'examen de cette question.

Les deux lettres suivantes, que nous reproduisons, prouvent la sollicitude du gouvernement français à cet égard ; elles ont été adressées par notre agent consulaire de Saint-Michel au consul général de France à Lisbonne ; après leur lecture, on comprendra mieux où en est la question et on verra que nos intérêts commerciaux ne sont pas oubliés.

Nous prévenons que notre agent consulaire à Saint-Michel, à l'obligeance duquel nous devons communication de ces lettres, est né aux Açores et appartient à une des premières familles du pays.

PREMIÈRE LETTRE

Saint-Michel, 30 novembre 1862.

Monsieur,

Le gouvernement de Sa Majesté l'Empereur ayant manifesté le désir de connaître de quelle manière il serait possible de rendre le développement du commerce de cette île avec la France plus facile, le résultat de l'étude que j'ai faite de cette question est celui que j'ai l'honneur de vous soumettre.

L'unique moyen de faire progresser les transactions entre ce pays et la France serait l'exportation des oranges qui se fait sur une très-grande échelle entre Saint-Michel et l'Angleterre. Or, pour cela, il serait nécessaire que le gouvernement de Sa Majesté l'Empereur diminuât les droits d'entrée qui pèsent sur les oranges de Saint-Michel en les réduisant sinon à l'égal de ceux d'Angleterre, au moins au pair de ceux d'Italie.

De cette manière, les négociants de cet article seraient fortement engagés à tenter la spéculation sur un autre marché, et les navires pourraient apporter directement des marchandises françaises : ainsi, le résultat pour les deux pays serait infailliblement favorables, car les quelques marchandises françaises qui se consomment ici sont importées par voie de Lisbonne faute de communication directe avec la France.

Il est heureux de penser que le port qui est actuellement en construction étant achevé, et le gouvernement de Sa Majesté l'Empereur ayant daigné abaisser les droits sur les oranges de Saint-Michel, le commerce de cette île avec la France pourrait prendre un très-grand développement, d'autant plus que les marchandises françaises ne sont pas encore appréciées suivant leur valeur.

Je vous prie aussi, Monsieur, de faire parvenir à la connaissance du gouvernement, que dans cette île il existe toujours un dépôt de charbon dont le prix est de 50 fr. le tonneau mis à bord.

Dans l'espoir que ces détails seront suffisants,

Agréez, monsieur, etc.

L'agent consulaire,

G. G. Camara.

DEUXIÈME LETTRE

Saint-Michel, le 31 décembre 1862.

Monsieur,

J'ai l'honneur de vous accuser réception de votre honorée lettre du 15 décembre, me priant de compléter les renseignements relativement au commerce des oranges de cette île, à quoi je vous réponds avec beaucoup de plaisir.

Le prix des oranges payé aux cultivateurs, cette année, depuis le commencement de la saison jusqu'à présent, est de 10 fr. environ par caisse de 900 oranges d'un poids moyen de 105,570 kil.

La valeur de la récolte totale de l'année, quoique ordinaire, peut s'élever à fr. 1,500,000, et la quantité à 160,000 caisses.

Le prix moyen du fret pour l'Angleterre est de 162 fr. 50 par tonneau : chaque tonneau se compose de 20 grandes caisses de 900 oranges ou de 30 petites.

Compte simulé des frais d'un chargement d'oranges de Saint-Michel à Londres. — Calcul sur une caisse de 900 oranges.

	fr.	c.
Prix actuel d'une caisse d'oranges au cultivateur.	10	»
Frais de cueillette, encaissement, etc.	3	»
Prix de la caisse.	1	50
Frais de magasinage.	»	10
Charroi du magasin au quai.	»	10
Frais de bateau	»	14
Droits pour le dock.	1	»
Droits de douane	»	5
Prix d'une caisse mise à bord.	15	89

Le prix moyen de vente en Angleterre peut être de 30 francs la grande caisse.

Les travaux de port marchent rapidement, on a déjà commencé la plate-forme que l'on espère conduire dans trois mois en pleine mer : si les travaux, par quelques circonstances imprévues, ne s'arrêtent pas, il est à penser que dans une année il y aura une partie de brise-lames pour abriter une certaine quantité de navires, et dans quatre ans l'on espère que le port sera complétement terminé.

Agréez, monsieur, etc.

L'agent consulaire,

G. G. CAMARA.

Ce qui résulte pour nous de ces documents, c'est que l'Empereur auquel rien n'échappe, déjà depuis l'année dernière, avait reconnu l'importance de ce nouveau débouché pour notre commerce maritime.

Aux Açores, les habitants sentent bien de leur côté que c'est à la main puissante de Napoléon III qu'ils peuvent devoir une partie de leur prospérité future ; aussi parlent-ils tous de l'Empereur dans les termes les plus enthousiastes et les plus chaleureux.

Espérons donc qu'avant peu les droits sur les oranges provenant des Açores seront supprimés ou sensiblement diminués et qu'alors nous pourrons entamer avec ces îles un échange de produits profitable aux deux pays.

Il ne faut pas perdre de vue que d'ici à quelques années le transport des oranges qui a lieu sur navires à voiles se fera par bateaux à vapeur aussitôt que le dock de Saint-Michel sera terminé.

On parle aussi de rendre les communications entre Lisbonne et les Açores plus fréquentes ; il y aurait un départ bi-mensuel et le service serait fait par un vapeur de fortes dimensions qui irait seulement à Saint-Michel ; quant au steamer qui existe actuellement (l'*Açoriano*), il aurait pour mission de parcourir toutes les îles afin de les mettre en communication entre elles, toutefois on comprend que la réalisation de tous ces projets doit être subordonnée à l'achèvement du dock.

Quoi qu'il en soit, il ressort de ces faits que depuis quelques années il se produit aux Açores un réveil et un mouvement vers le progrès que le gouvernement portugais, appréciateur de ses véritables intérêts, ne cherche qu'à développer de plus en plus.

Faisons des vœux pour que ces îles déjà placées si avantageusement sur le parcours des navires qui se rendent d'Europe en Amérique prennent une importance plus grande en se mêlant plus directement au mouvement commercial qui relie tous les peuples entre eux.

Pour les personnes que la question intéresse d'une manière spéciale, nous donnons, au risque de nous répéter, un petit tableau qui rappellera à première vue ce qui nous semble le plus utile à retenir dans cette notice.

ILES AÇORES.

	Condamnés.	Avaries.	Charbons.	Provisions.	Total.
Navires français venus à Fayal de 1858 à 1863.	6	8	14	40	68

Commissions à Fayal.	France.	Angleterre et Amérique.
Frais de débarquement et de rembarquement.	4 0/0	2 1/2 0/0
Vente des marchandises	4 0/0	5 0/0
Commission pour le navire	4 0/0	5 0/0

Les prêts à la grosse se font avec facilité sur place et varient de 15 à 18 0/0, surtout pour retour en France.

Exportation d'oranges à Saint-Michel de 1861 à 1862, 198,300 caisses. Le tonneau est de 20 caisses, soit près de 10,000 tonneaux.

Prix d'une caisse d'oranges rendue à bord, 16 fr.

La caisse contient à peu près 900 oranges.

Prix moyen de vente d'une caisse d'oranges en Angleterre, 30 fr.

Prix moyen du fret pour l'Angleterre, 162 fr. 50 par tonneau.

Marchandises françaises d'importation. — Diverses.

Le change aux Açores est à peu près de 200 reis par franc.

L'or anglais a principalement cours.

Un vapeur portugais se rend chaque mois de Lisbonne aux Açores en touchant à Saint-Michel, Tercère, Graciosa, Saint-Georges et Fayal.

La distance de Lisbonne à Saint-Michel est de 260 lieues marines : la durée de la traversée avec beau temps est de 4 jours, et il faut encore 4 jours pour aller jusqu'à Fayal.

Voici maintenant le tableau officiel adressé au gouvernement portugais indiquant le mouvement de la douane à Saint-Michel pendant l'année 1861-1862 :

IMPORTATION.

Droits de douane et imposition pour le dock, 934,217 fr.

	Portugais.	Etrangers.
Navires entrés.	176	319
Valeur marchandises . . . . fr.		4.252.530
— or et argent.		165.654
Total de l'importation.		4.418.184

EXPORTATION.

Céréales.............................. fr.   1.343.416
Fruits 1.739.650

Total de l'exportation............   3.083.066

Nous ne voulons pas terminer ce travail sans édifier nos marins et nos négociants sur un des inconvénients d'une navigation qui va devenir plus fréquente ; nous voulons parler d'écueils signalés dans le canal entre Tercère et Saint-Michel. Nous ferons un nouvel emprunt à la brochure de M. de Kerhallet, qui a le double mérite de tenir en éveil la prudence de nos capitaines et de réduire à leurs justes proportions des périls qui ont souvent été fort exagérés.

Dans le canal entre Tercère et Saint-Michel, qui a été exploré en 1843-44 par le capitaine Vidal, de la marine royale d'Angleterre, il n'existait aucun danger à cette époque, et le fond ne fut pas obtenu, entre ces deux îles, avec une ligne de 313 à 356 mètres. Ce canal a été et est encore le théâtre d'un travail sous-marin, dont le résultat est l'apparition et la disparition successive d'écueils fort dangereux. Des soulèvements ont produit, à diverses reprises, des îles qui ont eu une dimension et une élévation assez notables. Ce fait, qui ne peut plus être mis en doute, est d'autant plus surprenant que, comme nous l'avons dit, le fond n'a pas été trouvé à 356 mètres et qu'on a peine à concevoir la prodigieuse force d'expansion nécessaire pour produire de pareilles créations

Le premier fait de ce genre fut signalé en 1638. On vit de la fumée sortir de la mer à l'endroit où le volcan existait, et, quand elle eut disparu, la sonde accusa 144 mètres de fond à la place qu'il occupait.

Le second fait, que Tofino met en doute, est de l'année 1720, et fut signalé le 11 mars 1721, dans une lettre écrite au régent par M. de Montagnac, consul de France à Lisbonne. Il le fut également, le 2 avril suivant, par M. Sauvaire, consul général à Madère, d'après la reconnaissance de cette île nouvelle, faite par le capitaine Jean Robçon, commandant la corvette anglaise *Richarde-Izabel*. Le capitaine en avait fait le tour et n'avait pu s'en approcher de plus de 6 milles, vu la chaleur qui régnait dans ses environs. Elle fut de nouveau examinée, le 18 juillet 1721, d'après les ordres de M. de Montagnac, par le sieur Louis Lentier, pilote du navire la *Fortune-Constante*. Ce pilote la côtoya ; il put s'en approcher vers le N.-O. de l'endroit d'où sortait la fumée, à la distance d'un coup de mousquet, comme dit son rapport. Il sonda et trouva 15 brasses (24 m.) fond de gros sable noir; puis, s'approchant encore, il eut 4 brasses 1/2 (7 m. 3), mais le fond était si chaud, qu'il fondit le suif par deux fois. Lentier donna la description de l'île. Elle avait, dit-il, une hauteur telle qu'on pouvait la voir à 8 lieues de distance et 1 lieue de circonférence. Sa latitude, d'après lui, était de 38° 24'.

Cette éruption sous-marine eut lieu le 31 décembre 1720, à minuit, dit le pilote Jean Morel, qui vit l'île à la fin de 1721, époque à laquelle elle était encore incandescente, jetant des flammes, des pierres et de la fumée qu'on apercevait de la pointe ouest de Saint-Michel. Elle avait à cette époque une demi-lieue de circonférence et une hauteur assez considérable, puisqu'on la voyait de Tercère, dont le pilote la suppose à 13 lieues.

Le pilote Mor, de cette île, envoyé pour l'examiner, lui donne pour latitude 38° 28, et le pilote anglais 38° 23'.

Le sieur Le Mayer, commandant en second le *Saint-François-Xavier*, dans un rapport du 13 septembre 1721 adressé à M. de Champmerlin, commandant de la marine, à Brest, signala que l'île en question était à 18 lieues dans le N. 56° O. de la pointe ouest de Saint-Michel, et à 13 lieues dans le S. 56° E. de la pointe S.-O. de Tercère.

Dans l'année 1722, cette île s'affaissa et disparut. Elle ne formait plus à cette époque qu'un écueil ou brisant ayant à peu près une lieue et demie de longueur, comme il résulte du rapport de Jean-Baptiste Barnard, capitaine du navire *Notre-Dame-de-la-Chándeleur*, transmis, à la date du 21 juillet 1722, par M. de Montagnac au conseil de marine.

Je ne crois pas, dit le savant ingénieur hydrographe Daussy, qu'après avoir lu les pièces qui concernent cette île, il puisse rester aucun doute sur son existence momentanée. En effet, tous les consuls des îles voisines en parlent, tous les navigateurs en donnent des vues, et, malgré quelques légères différences qui peuvent être attribuées facilement aux observations, la position qu'ils lui assignent est sensiblement la même.

D'après la nouvelle carte des Açores, publiée en 1844, la position de cet écueil serait à peu près, en employant les relèvements indiqués par Barnard et Le Mayer, latitude N. 38° 22', longitude O. 29° 6''.

Si la rareté des événements de cette nature a pu faire suspecter et même nier la réalité de celui-ci, un fait semblable, arrivé en 1811, dans les mêmes parages, doit détruire toute incrédulité. Or, l'apparition d'une île nouvelle au milieu des eaux, à un mille et demi de la côte ouest de Saint-Michel, dans le N. 35° O. de la pointe Ferraria, est un fait irrécusable. Le 13 juin, à la suite d'un tremblement de terre qu'on ressentit à Saint-Michel, on vit s'élever à un mille de la pointe ouest de l'île, un volcan qui donna naissance à un îlot pouvant avoir un mille de tour et 91 ou 120 mètres de hauteur. Le capitaine du sloop anglais la *Sabrina*, accompagné du consul anglais, descendit, le 4 juillet, sur cet îlot, lorsque le volcan eut cessé de jeter des flammes. Il en prit possession au nom du roi d'Angleterre. Mais, peu après, l'île s'affaissa. Dans le milieu d'octobre, il ne restait plus rien au-dessus des flots. Cependant, il y a aujourd'hui encore, à la place qu'occupait l'îlot, une basse dangereuse sur laquelle on trouve 27 mètres de profondeur. En février 1812, on vit encore de la fumée sortir de la mer près de cet endroit

En 1843-1844, comme nous l'avons dit, le capitaine Vidal, de la marine royale d'Angleterre, qui a fait les dernières cartes de l'Archipel, ne trouva dans le canal aucun danger.

En 1850, le *Nautical Magazine* signala de nouveau l'apparition d'une basse dangereuse dans le canal, entre Tercère et Saint-Michel. Ce fait, constaté par les rapports de trois capitaines, Benjamin Pratt, du navire *William-de-Bangor*; Victorino Falcao, du navire *los Tres-Amigos*, de San-Jorge en Portugal, et George Perkins, du navire *Plymouth*, paraît laisser peu d'incertitude et permet de croire à l'existence d'un nouvel écueil dans ce canal. On y est d'autant plus porté que, d'après les trois rapports des capitaines que nous venons de désigner, la position de ce danger serait entre la latitude N. de 38° 17' et la longitude O. de 29° 5'.

Cette position se rapproche beaucoup de celle donnée pour l'écueil de 1720, qui était sur la nouvelle carte par latitude N. 38° 22', et longitude O. 29° 6'. Ce nouvel écueil resterait d'après cela au S. 36° E. de la haute terre Est de Tercère, à 27 milles, et de la pointe O. de Saint-Michel au N. 60° O., à la distance de 45 milles.

On devra donc, quand on passera entre Tercère et Saint-Michel, veiller avec la plus grande attention pour éviter cet écueil. Les rapports disent qu'il brise, de mauvais temps, avec violence ; mais, de beau temps, il est possible qu'il ne marque pas.

En définitif, on peut en général dire que toute la côte de l'île de Saint-Michel est saine ; presque tous les dangers sont apparents, mais on ne fréquente néanmoins que la côte S. de cette île, qui offre des mouillages sinon sûrs et bons, au moins passables.

Paris.— Imprimerie SCHILLER, Faubourg-Montmartre, 10.

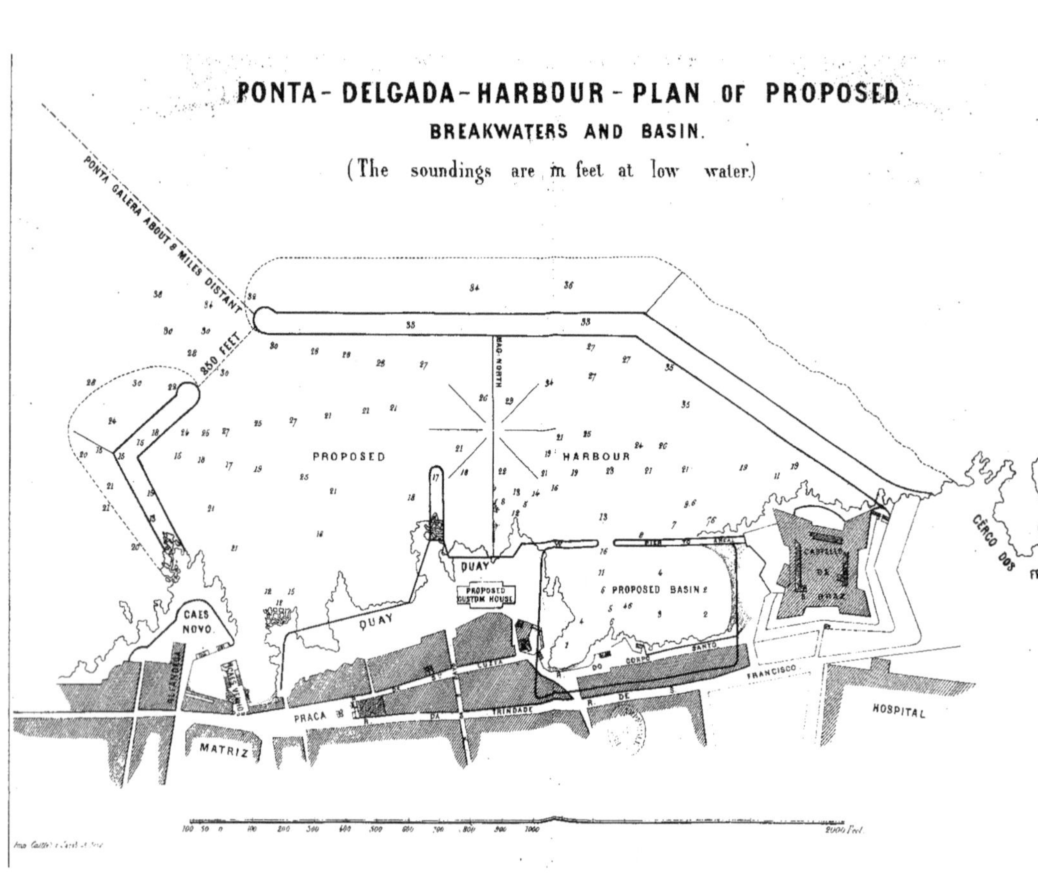

PONTA - DELGADA - HARBOUR - PLAN OF PROPOSED
BREAKWATERS AND BASIN.
(The soundings are in feet at low water.)
PONTA GALERA ABOUT 8 MILES DISTANT
850 FEET
MAG NORTH
PROPOSED
HARBOUR
QUAY
QUAY
PROPOSED
CUSTOM HOUSE
PROPOSED BASIN
CAES
NOVO.
MATRIZ
PRACA
TRINDADE
R. DE
FRANCISCO
HOSPITAL
CERCO DOS FRA
100 50 0   100   200   300   400   500   600   700   800   900   1000   2000 Feet